Hallo!

In der Geschichte findest du an einigen Stellen Profifragen zum Text.

Deine Antworten kannst du mit einem Lesezeichen überprüfen. Das findest du zum Ausschneiden auf S. 91 im Buch.

Es ist dein Lösungsschlüssel!

FSC
www.fsc.org

MIX
Papier aus verantwor-
tungsvollen Quellen
FSC® C043106

Erschienen bei FISCHER Duden Kinderbuch

© 2020 Fischer Kinder- und Jugendbuch Verlag GmbH, Hedderichstr. 114, D-60596 Frankfurt am Main
„Duden" ist eine eingetragene Marke des Verlags Bibliographisches Institut GmbH, Berlin.

Fachberatung: Ulrike Holzwarth-Raether
Gestaltungskonzept: Farnschläder & Mahlstedt, Hamburg
Layout: Michelle Vollmer, Mainz
Umschlagkonzept: Frauke Schneider, Wittighausen
Umschlaglayout: Mischa Acker, Brühl

Druck und Bindung:
Grafisches Centrum Cuno GmbH & Co. KG, Calbe
Printed in Germany
ISBN 978-3-7373-3458-7

Leseprofi

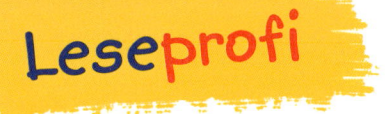

Zauberhafte Geschichten für starke Mädchen

Jutta Wilke

mit Bildern von Pe Grigo

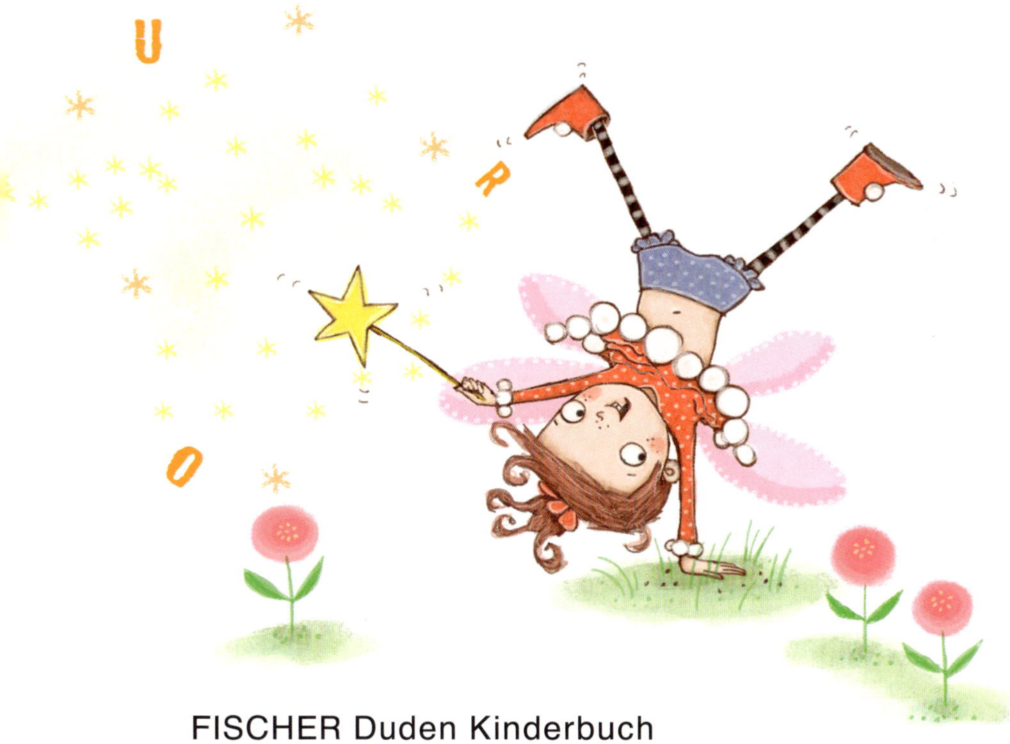

FISCHER Duden Kinderbuch

Inhalt

Fee Flora
und die Sache mit
den Hoppelvasen

Flora hat Langeweile

Flora fliegt durch den Park.
Ihr ist so langweilig.
Niemand hat Zeit
und spielt mit ihr.
Da entdeckt die kleine Fee
Jan und Lea auf der Wiese.

Flora landet im Gras.
„Nanu! Wer bist du denn?",
fragt Lea.
„Ich bin eine Fee", sagt Flora.
Sie macht einen Purzelbaum
in der Luft.

Jan will die Fee fangen.

Aber Flora fliegt schnell weg.

Sie setzt sich auf Jans Kopf.

Jetzt muss Lea lachen.

Jan sieht so komisch aus.

„Wir üben Lesen",
sagt Lea. „Willst du zuhören?"
Flora flattert auf das Buch.
„Lesen ist doch langweilig",
sagt sie und gähnt.
„Ich will lieber spielen."

Jan und Lea finden
Lesen eigentlich spannend.
Aber eine echte Fee
ist gerade noch spannender.
„Kannst du Wünsche erfüllen?",
fragt Lea.

Flora schüttelt den Kopf.

So einfach geht das nicht.

„Dann bist du auch
keine richtige Fee", sagt Jan.

„Bin ich doch", sagt Flora.

Wütend fliegt sie davon.

„He! Warte!", ruft Lea.

Auch Jan springt auf.

Aber Flora ist schon weg.

Sie fliegt nach Hause.

Sie wohnt in einem Feenhaus
im Apfelbaum.

Profifrage 1

Lies genau. Wo wohnt Flora?

- auf dem Apfelbaum
- im Apfelbaum
- am Apfelbaum

Keine richtige Fee. Pah!
„Die beiden werden sich
noch wundern", denkt Flora.
Sie huscht in ihr Zimmer.
Dort steht ihr Schulranzen.
Und darin ist ihr Zauberstab.

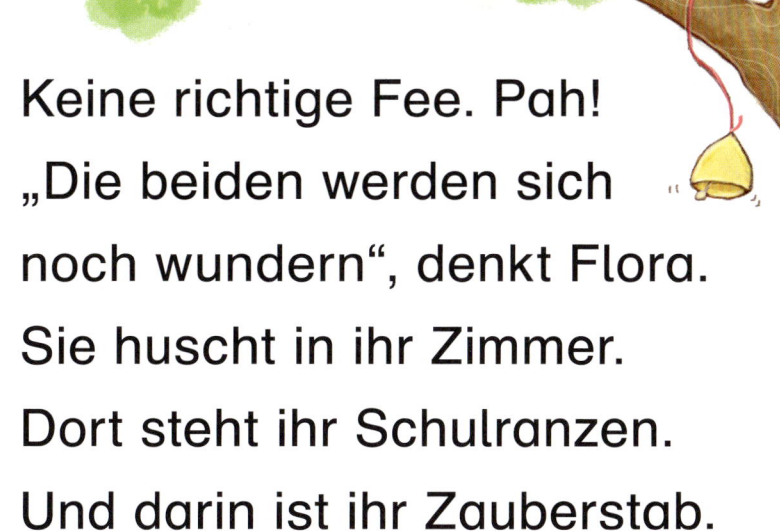

Zaubermurks

Eigentlich darf die kleine Fee
nur in ihrer Schule zaubern.
Dann passt die Lehrerin auf.
Aber jetzt zieht Flora heimlich
den Zauberstab aus dem Ranzen.

Da kommt Mama herein. Mist!
Hat sie etwas gemerkt?
„Machst du Hausaufgaben?",
fragt Mama.
Flora nimmt das Zauberbuch.
„Ich übe Lesen", sagt sie.

Flora schämt sich.

Sie schwindelt nicht gern.

Sie wartet, bis Mama weg ist.

Dann fliegt Flora schnell

zurück zu Jan und Lea.

Jetzt wird sie es ihnen zeigen!

Aber zuerst zeigt Flora
den beiden den Zauberstab.
Er glitzert in der Sonne.
Jan ist schon ganz zappelig.
Er will sich endlich
etwas wünschen.

Profifrage 2

Wie ist Jan?

- Er ist ganz zuppelig.
- Er ist ganz zippelig.
- Er ist ganz zappelig.

„Was soll ich zaubern?",
fragt Flora.
„Ich wünsche mir kleine Hasen",
ruft Jan schnell.
„Das kann ich", denkt Flora.
Sie blättert im Zauberbuch.

Lea und Jan warten gespannt.
Flora braucht nur noch
den richtigen Zauberspruch.
Sie sucht und sucht
in dem dicken Buch.
Dann hebt sie den Zauberstab.

Flora liest den Spruch laut:

„RILLE RALLE KILLE KALLE,
SCHNICK SCHNUCK SCHNACK,
ABRAKADABRA ZICK UND ZACK!"

Aus dem Zauberstab kommen
kleine Sterne und Funken.

Gespannt gucken sich

Jan und Lea um.

Dann reißen sie die Augen auf.

Was ist das denn?

Auf der Wiese hoppelt etwas.

Aber Hasen sind das nicht.

„Das sind ja lauter Vasen!",
ruft Lea.
„Auf der Wiese hoppeln Vasen!",
ruft jetzt auch Jan.
Vor lauter Lachen
fällt er ins Gras.

Flora guckt ganz erschrocken.
Wie konnte das passieren?
Vorsichtig schüttelt sie
den Zauberstab.
Sie hat doch
alles richtig gemacht. Oder?

„Probier es einfach noch mal",
sagt Lea.

Lea wünscht sich eine Puppe.

Flora nickt.

Das ist wirklich leicht.

Das klappt ganz bestimmt.

Flora sucht wieder
den passenden Zauberspruch.
Dann liest sie:

„EXE NEXE TINTENKLECKSE,
LIRUM LORUM LARUM,
ABRAKADABRA – DARUM!"

27

Flora schwenkt den Zauberstab.

Daraus kommen

kleine Sterne und Funken.

Aber was ist das?

„Igitt!", ruft Lea.

Auf Leas Schoß ist keine Puppe.

Auf Leas Schoß ist Nudelsuppe.

Jan lacht und lacht.

Flora lacht nicht.

Sie findet das alles

überhaupt nicht lustig.

Profifrage 3

Was ist auf Leas Schoß?

- Nudelauflauf
- Nudelsalat
- Nudelsuppe

Flora will so gerne zaubern
wie eine richtige Fee.
Aber sie macht alles falsch!
Flora sieht sich den Zauberstab
von allen Seiten an. Sie saust
aufgeregt hin und her.

„Ich glaube, er ist kaputt",
ruft Flora. Sie weint.
Mama wird bestimmt böse.
Jan hört auf zu lachen.
Jetzt tut Flora ihm leid.
Er geht zu ihr.

Ein neuer Versuch

Jan streichelt die kleine Fee.

„Ich mag Nudelsuppe", sagt er.

Flora weint noch lauter.

Lea wischt sich

ein paar Nudeln vom Schuh

und geht zu Flora.

Lea hat eine Idee.

„Zeig mir mal das Zauberbuch",

sagt Lea. Flora zögert.

Eigentlich dürfen Menschen

die Zaubersprüche nicht lesen.

Die Kinder wollen nur helfen!

Flora gibt ihnen das Buch.

Sie setzen sich auf eine Bank.

Zusammen schlagen sie es auf.

Dann soll Flora den Spruch

für die Puppe noch mal lesen.

PUPPE

→ EXE MEXE
TINTENKLECKSE,
LIRUM LORUM LARUM,
ABRAKADABRA-DARUM!

Jan schnappt sich noch schnell
den Zauberstab.
Flora soll ja nicht zaubern.
Flora soll nur lesen.

„EXE NEXE TINTENKLECKSE",

liest Flora.

Auch Lea guckt
in das Zauberbuch.
„Stopp!", ruft sie plötzlich
und springt auf.
Sie weiß jetzt,
was Flora falsch gemacht hat.

Endlich hat auch Flora
den Fehler gefunden.
Jan gibt ihr
den Zauberstab zurück.
Jetzt liest Flora noch einmal.
Diesmal macht sie alles richtig.

Profifrage 4

Schau ins Zauberbuch
auf Seite 34.
Welche Buchstaben
hat Flora verwechselt?

- M und W
- M und N
- M und V

Aus dem Zauberstab kommen
kleine Sterne und Funken.
In Leas Schoß liegt eine Puppe.
Die Suppe ist verschwunden.
Jetzt lacht Flora und tanzt.
Sie ist doch eine richtige Fee!

Plötzlich steht Floras Mama
auf der Wiese.
Sie hat die kleine Fee
schon überall gesucht.
Über Mamas Füße hoppeln
zwei kleine Vasen.

„Nanu! Was ist denn hier los?",
fragt die große Fee.
„Wir haben Lesen geübt",
sagen Jan und Lea.
„Ich habe Zaubern geübt",
sagt Flora und wird rot.
„Hasen", stottert Jan.

„So, so", sagt die große Fee.

Dann nimmt sie den Zauberstab.

Sie zaubert erst die Vasen weg.

Dann sitzen zwei kleine Hasen

auf der Wiese.

Sie schnuppern an Jans Händen.

Flora muss versprechen,
nicht mehr alleine zu zaubern.
„Wir können zusammen zaubern",
sagt Mama. Und Flora nickt.
Sie flüstert Mama
etwas ins Ohr.

Flora und Mama suchen
den richtigen Zauberspruch.
Dann liest Flora ganz langsam:

„HIMMEL HAMMEL BIMMEL BAMMEL,
TINTEN TANTEN TUSCH,
ABRAKADABRA UND WUSCH!"

43

Mama hebt den Zauberstab.
Aus dem Zauberstab kommen
kleine Sterne und Funken.
Und auf der Wiese stehen
vier große Eisbecher.
Mit Erdbeereis. Und Sahne.

Prinzessin Elli
macht, was sie will

Das Zepter ist weg

Elli ist eine Prinzessin.
„Wenn ich groß bin,
werde ich Gärtnerin",
sagt Elli.
Papa hört Elli zu.
Elli trinkt ihren Kakao.

46

Papa trinkt seinen Kaffee.
„Oder ich werde Köchin",
sagt Elli.
Papa verschluckt sich.
Dann prustet er den Kaffee
über den ganzen Tisch.

Sofort kommt ein Diener

mit einem Tuch.

Papas Gesicht ist ganz rot.

Der Diener klopft ihm

auf den Rücken.

Dann springt Papa auf.

Er hat noch nie
so einen Unsinn gehört.
Elli ist eine Prinzessin.
Und Elli wird eine Königin!
Das ist doch ganz klar.

Donner
und Doria!

Elli springt jetzt auch auf.

Wütend sieht sie

ihren Papa an.

Sie wird Gärtnerin.

Oder Köchin.

Sie wird niemals Königin!

„Papperlapapp!", sagt Papa.

Er plumpst auf den Thron.

Hier ist er der Bestimmer.

Er ist schließlich der König.

Und was der König sagt,

wird gemacht.

Papa wedelt mit der Hand.

Er erlaubt keine Widerrede.

Elli mag

dieses Wedeln gar nicht.

Dann greift Papa

nach dem königlichen Zepter.

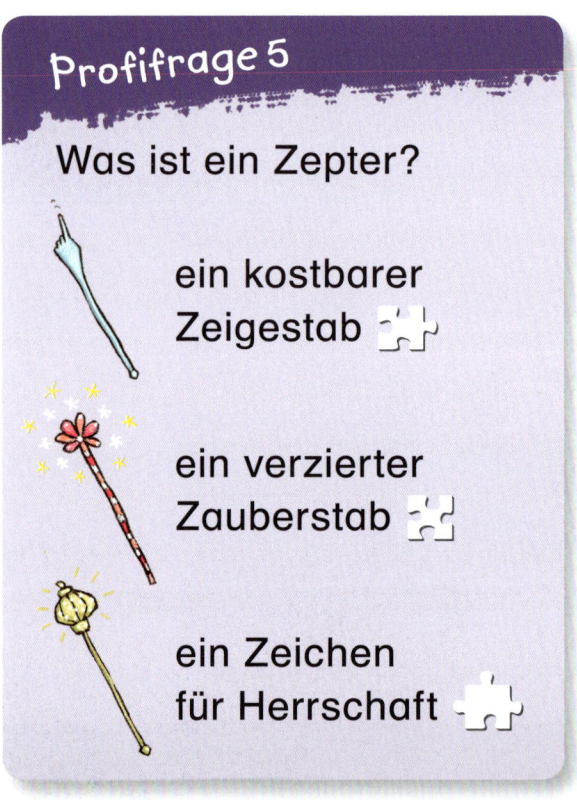

Profifrage 5

Was ist ein Zepter?

ein kostbarer
Zeigestab

ein verzierter
Zauberstab

ein Zeichen
für Herrschaft

Aber das Zepter ist weg.
Papa sucht es
auf dem Tisch.
Papa sucht es
unter dem Tisch.

53

Papa rennt

ins königliche Schlafzimmer.

Elli läuft hinterher.

Papa guckt

auf den Nachttisch.

Da ist kein Zepter.

Papa guckt auf das Bett.

Auch kein Zepter.

Papa guckt unters Bett.

Aber da ist das Zepter

auch nicht.

Papa rennt ins königliche Bad.

Elli läuft hinterher.

Papa guckt in die Badewanne.

Kein Zepter.

Papa guckt sogar ins Klo.

Kein Zepter in den Gemächern!

Papa jammert.

Ein König ohne Zepter

ist kein König!

Papa zieht die Nase hoch.

Jetzt tut er Elli leid.

Sie will Papa helfen.

Im Schlossgarten

Elli läuft in ihr Zimmer.
Schnell zieht sie
ihr lila Kleid aus.
Lila Kleider
sind nicht praktisch.
Elli zieht ihre Latzhose an.

Elli läuft zu Tom
in den Schlossgarten.
Tom ist der Sohn
des Gärtners.
Er gießt gerade Blumen.

Elli findet
die Blumen wunderschön.
Sie hilft gern beim Gießen.
Aber heute hat Elli
keine Zeit.
Sie muss das Zepter finden.

Tom will Elli helfen.

Sie suchen das Zepter überall.

Sie suchen

zwischen den Büschen

und unter den Bäumen.

Im Garten ist kein Zepter.

Profifrage 6

Wo suchen Tom und Elli im Garten?

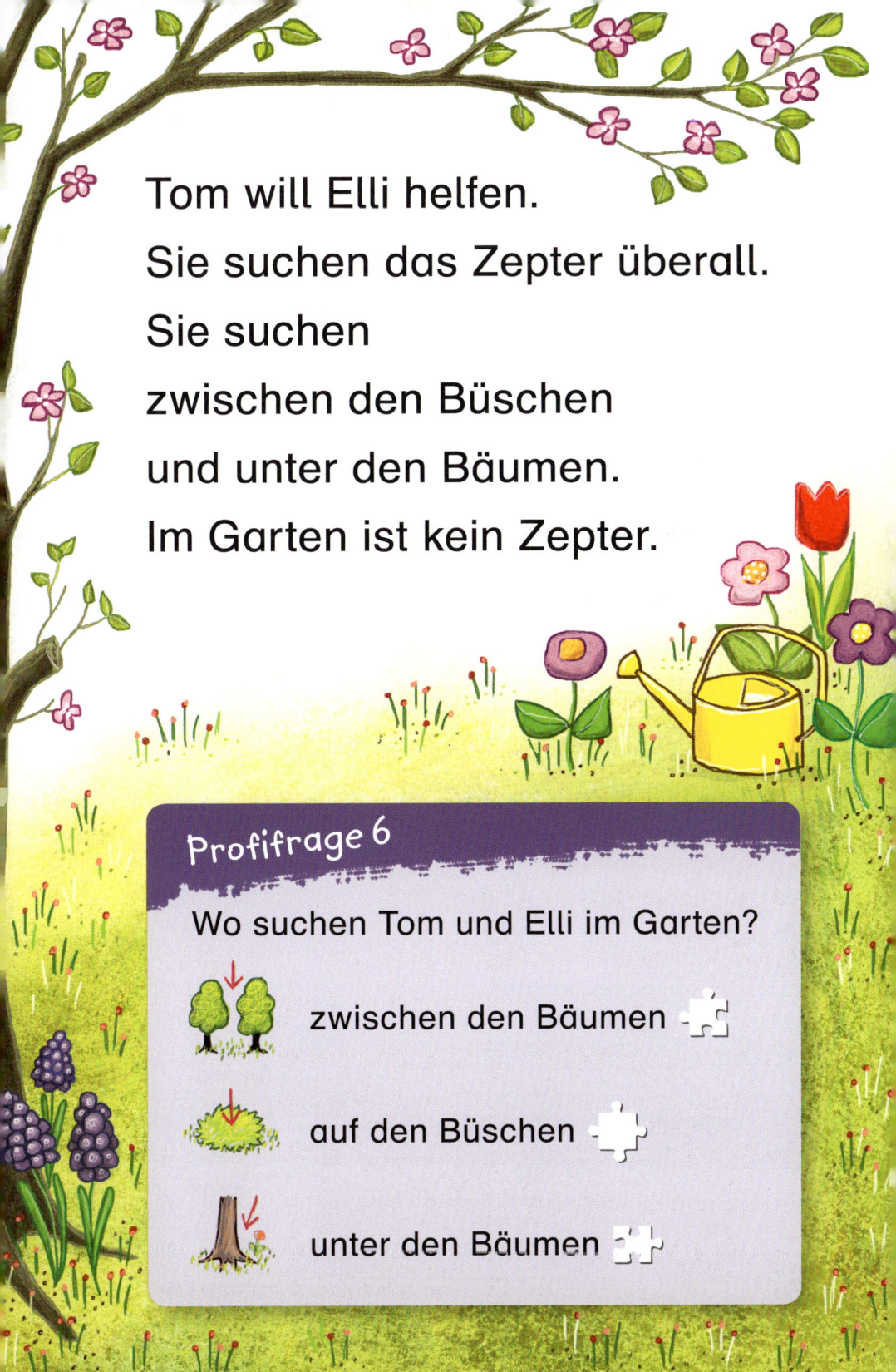 zwischen den Bäumen

auf den Büschen

unter den Bäumen

In der Schlossküche

Vielleicht ist das Zepter
in der Küche.
Elli und Tom
laufen zu Ben.
Das ist der Küchenjunge.
Ben kocht gerade Pudding.

Elli findet Pudding super.

Sie hilft gern beim Kochen.

Aber heute hat Elli
keine Zeit.

Sie muss das Zepter finden.

Ben will Elli und Tom helfen.

Sie suchen überall.

Ben, Elli und Tom

gucken in jeden Schrank.

Sie gucken in

jeden Topf.

Aber in der Küche
ist das Zepter nicht.
Vielleicht ist das Zepter
im königlichen Stall.
Elli, Tom und Ben
laufen los.

Im Stall

Im Stall steht Ole.

Das ist der Pferdepfleger.

Elli streichelt die Pferde.

Sie denkt: „Pferdepfleger

ist auch ein toller Beruf."

Aber Elli hat keine Zeit.

Ole will ihnen helfen.

Sie suchen überall.

Sie suchen im Stroh und

unter der Kutsche.

Sie suchen

in den Futtertrögen.

Elli sucht sogar

zwischen den Pferden.

Die Pferde sind sehr groß.

Aber Elli hat keine Angst.

Im Stall ist das Zepter

trotzdem nicht.

„Wir fragen den Maurer",
ruft Elli.
Der Maurer repariert gerade
den Schlossturm.
Elli, Tom, Ben und Ole
laufen zu dem Turm.

Auf dem Schlossturm

Der Turm hat 100 Stufen.

Elli rennt voran.

Sie müssen ganz nach oben.

Von oben sieht man

das ganze Königreich.

Oben steht der Maurer.

Neben ihm steht Pina,

seine Tochter.

Das Zepter hat Pina

leider auch nicht gesehen.

Aber das ganze Königreich.

Elli, Tom, Ben und Ole
staunen.
Von hier oben
kann man alles sehen.
Sie sehen die Blumen
im königlichen Garten.

Sie sehen den Koch,
der das Mittagessen kocht.
Sie sehen die Pferde,
die auf die Weide laufen.
Und sie sehen noch etwas.

73

Sie sehen
den königlichen Sandkasten.
In dem Sandkasten
ist eine Sandburg.
Die Sandburg glitzert
in der Sonne.

Denn die Sandburg
hat eine goldene Spitze.
„Da ist das Zepter!",
ruft Elli.
Die anderen sehen es auch.

Wie kommt das Zepter dahin?

Schnell laufen
Elli, Tom, Ben, Ole und Pina
die 100 Stufen wieder hinab.
Sie hatten recht.
In der Sandburg
steckt das Zepter.

Neben der Burg
liegt eine kleine Prinzessin.
Das ist Ellis kleine Schwester.
Sie schläft tief und fest.
Vorsichtig zieht Elli
das Zepter aus dem Sand.

Profifrage 8

Wo gibt es den ersten
Bildhinweis auf Ellis
kleine Schwester?

- auf S. 55
- auf S. 47
- auf S. 60

Jetzt aber schnell ins Schloss.

Vor dem Tor steht die Wache.

Elli rennt an ihr vorbei.

Die Kinder rennen hinterher.

Elli zeigt Papa das Zepter.

Es ist etwas sandig.

„Das haben wir gleich", sagt Ben.

Er spuckt auf das Zepter.

Dann wischt er es

mit dem Pulli blitzblank.

Das Zepter glänzt
und funkelt wieder.
Papa umarmt Elli.
Dann umarmt Papa Tom und Ben.
Dann drückt er Ole und Pina.
Elli strahlt.

Sie hat die besten Freunde
der Welt.
Papa ist wieder
ein richtiger König.
Und Elli weiß endlich,
was sie werden will.

81

„Wenn ich groß bin", ruft Elli,
„werde ich Detektivin!"
„Papperlapapp",
will Papa rufen.
Aber da wedelt
Elli mit der Hand.

Für Vollprofis

Jetzt sind die Geschichten zu Ende.
Hier geht's mit Aufgaben für Vollprofis weiter!
Die Lösungen findest du ab S. 88.

1. Sind das alles Suppen?

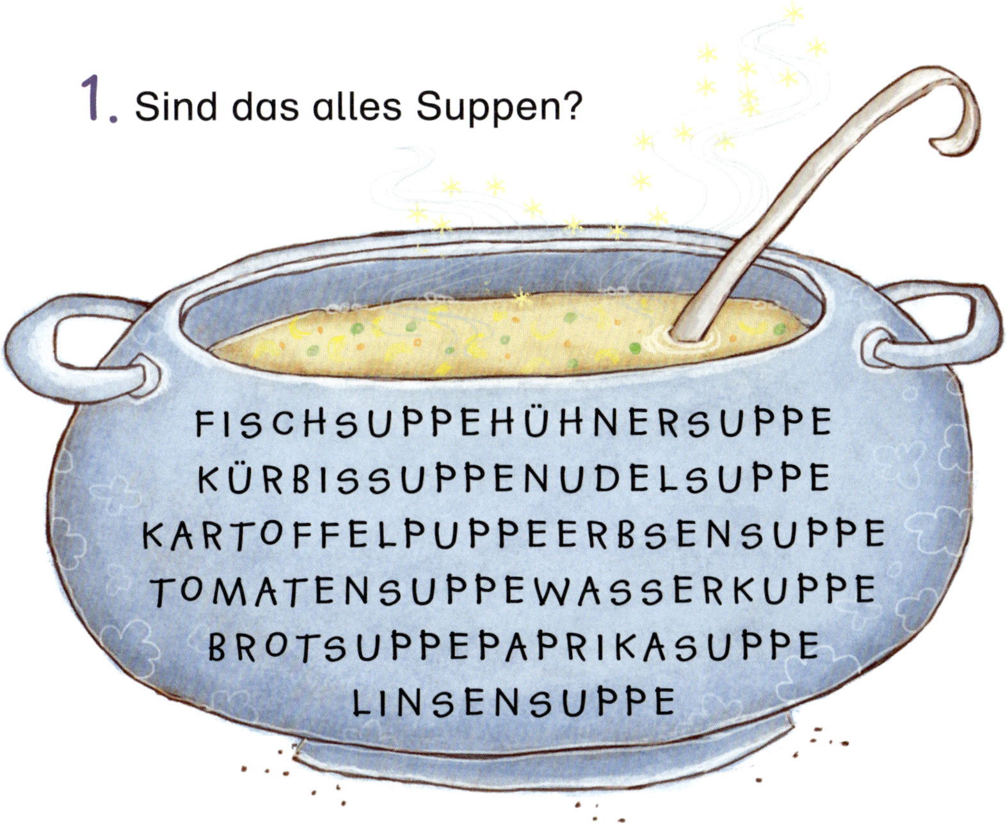
FISCHSUPPEHÜHNERSUPPE
KÜRBISSUPPENUDELSUPPE
KARTOFFELPUPPEERBSENSUPPE
TOMATENSUPPEWASSERKUPPE
BROTSUPPEPAPRIKASUPPE
LINSENSUPPE

2. Welche Buchstaben kann man leicht verwechseln?

M Q
P O I
N J
V R F
E W

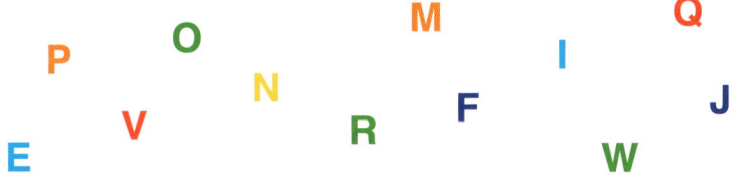

3. Wie geht's weiter?
Wie heißt der nächste Buchstabe im Abc?

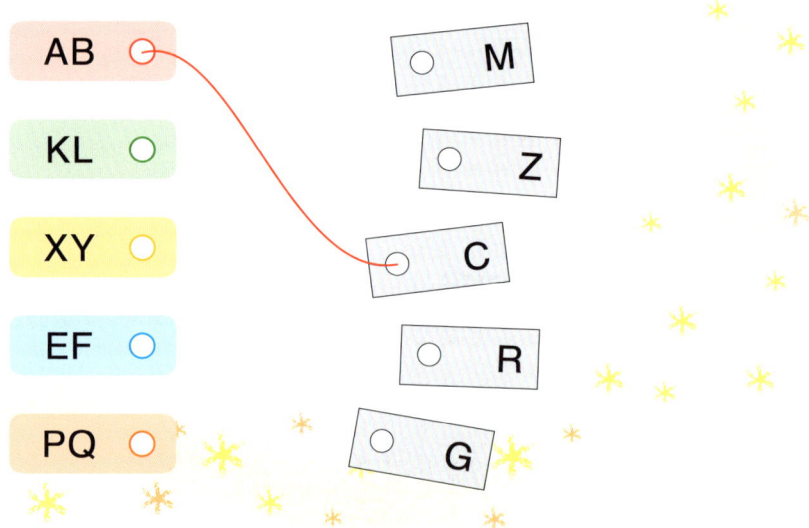

AB ⦵	○ M
KL ○	○ Z
XY ○	○ C
EF ○	○ R
PQ ○	○ G

4. Tintenkleckse im Zauberbuch!
Mach den Zauberspruch wieder leserlich.

EXE___EXE
TIN___KLE___SE,
LIR___M LO___UM LARU___,
ABRA___DABRA-
DA___!

5. Was bedeutet eigentlich dieser Ausruf?

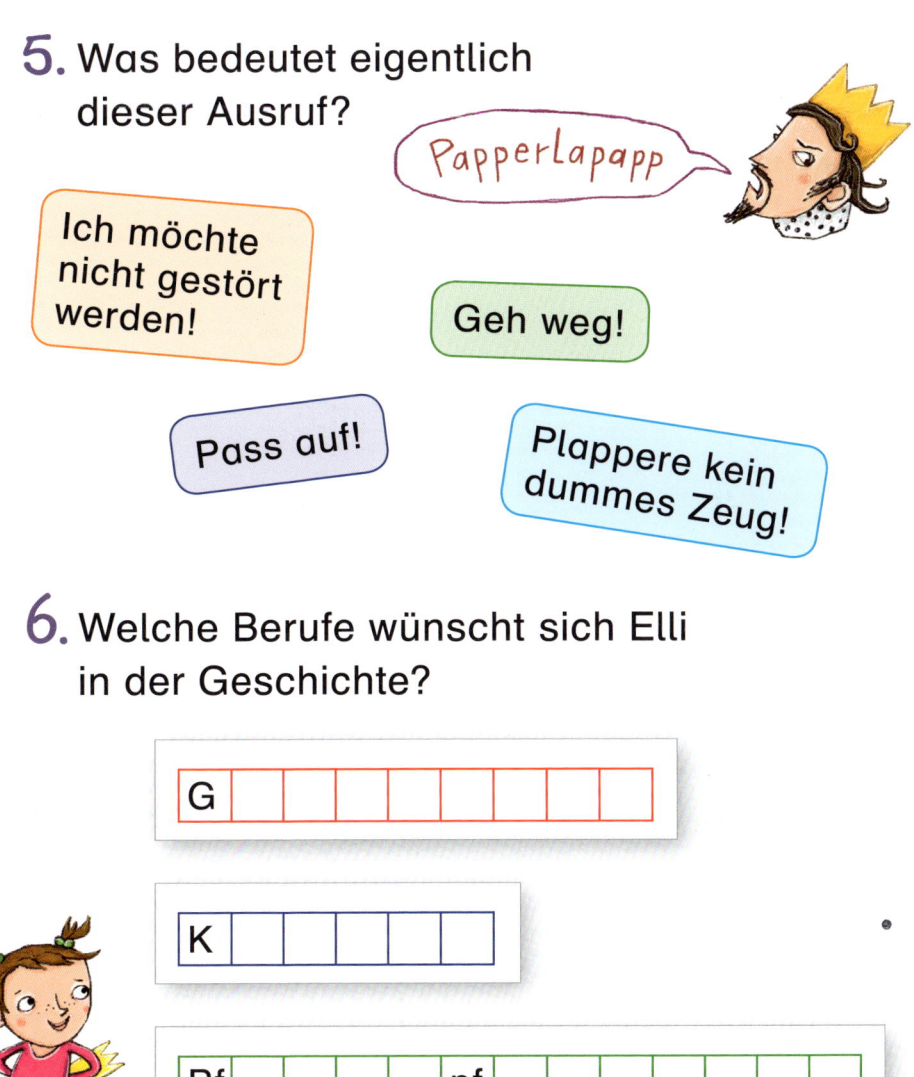

Papperlapapp

Ich möchte nicht gestört werden!

Geh weg!

Pass auf!

Plappere kein dummes Zeug!

6. Welche Berufe wünscht sich Elli in der Geschichte?

| G | | | | | | | | |

| K | | | | |

| Pf | | | | pf | | | | | | |

| D | | | | | | | | |

7. Was siehst du?

	ja	nein
Ein kariertes Handtuch		
Gestreifte Socken		
Zwei Kronen		
Das Zepter vom König		
Wasser in der Wanne		

8. Was braucht ein richtiger König?
Kreise ein.

Ring

Thron

Zepter

Hund

Tochter

Krone

Schloss

Herzlichen Glückwunsch!

Geschafft. Jetzt bist du
ein echter Leseprofi!
Noch mehr spannende
Bücher findest du unter
www.duden-leseprofi.de

1. Die Kartoffelpuppe und die Wasserkuppe
   sind keine Suppen.

2. R und P; E und F; W und V; M und N; Q und O; J und I

3. Schau selbst! So geht das ABC:

   A B C D E F G H I J K L M N O P Q R S T U V W X Y Z

4.

EXE M EXE

TIN TEN KLE CK S E,

LIR U M LO R U M LARU M,

ABRA KA DABRA –

DA RUM !

5. Plappere kein dummes Zeug!

6. Gärtnerin, **K**öchin, **Pf**erdepflegerin, **D**etektivin

7.

	ja	nein
Ein kariertes Handtuch		✕
Gestreifte Socken	✕	
Zwei Kronen	✕	
Das Zepter vom König		✕
Wasser in der Wanne		✕

8. Thron, Zepter, Krone, Schloss

So kannst du dir ganz leicht dein Lesezeichen als Lösungsschlüssel basteln:

1. Schneide das Lesezeichen auf der nächsten Seite sorgfältig an den Rändern entlang mit einer Bastelschere aus und falte es in der Mitte an der Linie.

2. Klebe die beiden Seiten fest zusammen. Wenn du möchtest, kannst du zur Verstärkung noch eine Pappe dazwischenkleben.

3. Fertig ist dein Lösungsschlüssel! Für jede Antwort findest du ein Puzzleteil. Wenn es zum Puzzle auf dem Lesezeichen passt, ist die Antwort richtig!

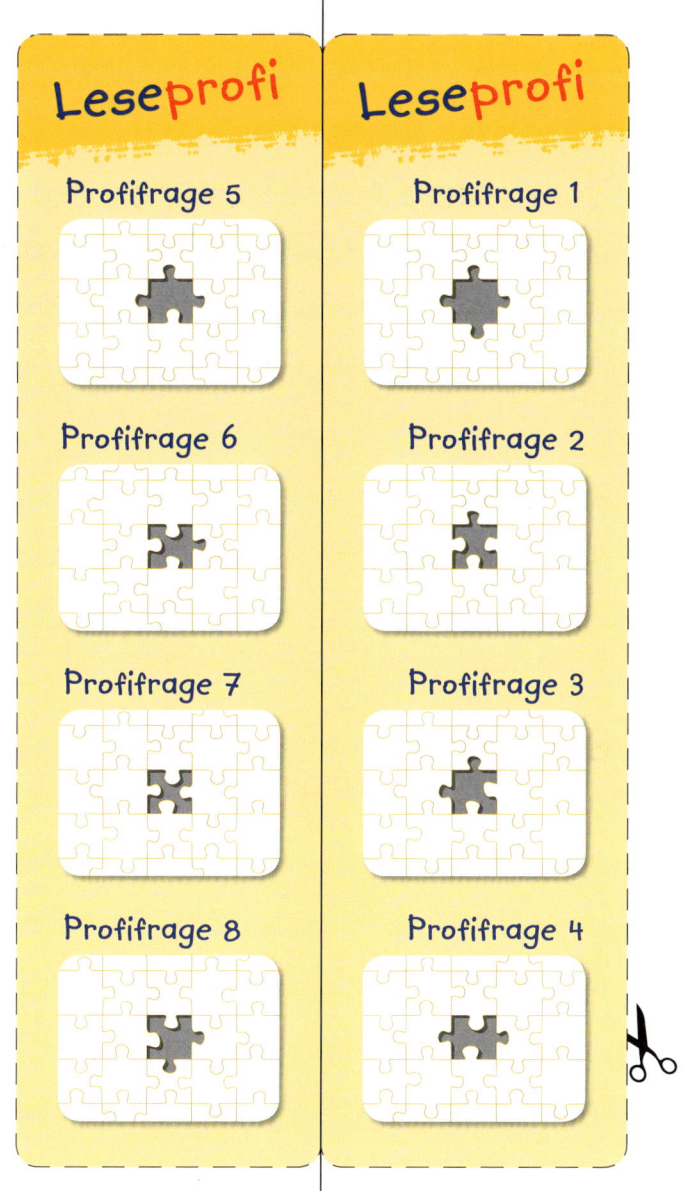

Klebefläche

Klebefläche

Leseprofi von Duden – von Anfang an richtig

1. Klasse

Jeweils 48 Seiten, gebunden.

Zwei Fußballgeschichten in einem Band. 96 Seiten

- Schuldetektive auf heißer Spur
  ISBN 978-3-7373-3443-3
- Die verrückte Reise ins All
  ISBN 978-3-7373-3413-6

- Hexen will gelernt sein
  ISBN 978-3-7373-3421-1
- Total verrücke Fußballgeschichten
  ISBN 978-3-7373-3440-2

2. Klasse

Jeweils 64 Seiten, gebunden.

- Ein Tag auf dem Pferdehof
  ISBN 978-3-7373-3441-9
- Eine Gruselnacht im Zelt
  ISBN 978-3-7373-3442-6

- Die Wusels sind los!
  ISBN 978-3-7373-3398-6
- Ein kleiner Wolf braucht Hilfe
  ISBN 978-3-7373-3405-1

Alle Duden Leseprofis finden Sie unter
www.duden-leseprofi.de